그 슬픔을 어떻게 모른 체해

김정미 시집

상상인 시인선 010
그 슬픔을 어떻게 모른 체해

초판 1쇄 발행 | 2021년 11월 18일

지 은 이 | 김정미
북마스터 | 이성혁 신상조
표지디자인 | 최혜원

펴 낸 곳 | 도서출판 상상인
펴 낸 이 | 진혜진
등록번호 | 제572-96-00959호
등록일자 | 2019년 6월 25일
주　　소 | 06621 서울시 서초구 서초대로74길 29, 904호
전화번호 | 010-7371-1871
전자우편 | ssaangin@hanmail.net

ISBN 979-11-91085-38-9 (03810)

값 10,000원

* 이 책은 강원도, 강원문화재단 후원으로 발간되었습니다.
* 이 책은 전부 또는 일부 내용을 재사용하려면 반드시 저작권자와 도서출판 상상인의 동의를 받아야 합니다.
* 이 책은 교보문고와 연계하여 전자책으로도 발간되었습니다.

그 슬픔을 어떻게 모른 체해

* 저자의 의도에 따라 작품의 보조 동사와 합성 명사는 띄어쓰기가 달라질 수 있습니다.

* 본문 페이지에서 한 연이 첫 번째 행에서 시작될 때에는 〈 표기를 합니다.

시인의 말

간절해지는 목록이 하나둘 많아질수록
봄을 기다리는 날도 늘어나기 시작했다.
이제 알 것도 같다.
봄은 기다리는 것이 아니라
봄으로 살아가야 한다는 것을.

내 삶에 부는 바람의 긴 꼬리를
자르기로 했다.

2021년 가을

김정미

■ 차례

1부 빗방울에 젖은 파란을 향해

곁	019
봄밤	020
굿모닝 사과	022
사월이 지나면	023
기다림을 수습하다	024
모래알 방식으로 걸터앉은	025
검은 버찌의 말	026
흰 낙타	028
나무의 무릎을 딛고 일어서는	029
망고에게	030
도너츠를 오브제로 놓고	031
굴뚝을 날아가 구구구 우는	032
파란을 파란하다	034

2부 있는 힘을 다해 풍경이 되어보는 밤

카프리에서 봄을 039

뻥튀기 040

기대슈퍼 042

다문화 아이들 043

벽화 044

국수의 시간을 지나가다 045

깜빠뉴 046

강물 목공소 048

소문을 파는 까페 049

단풍나무의 노동일기 050

베개 051

홀로 052

불탄 봄 053

3부 밤이 달맞이꽃을 따라 피었다

이팝나무에 달빛이 내리면 057

그늘꽃 058

우산의 내력 060

흙밥의 방식 061

단추들 062

이름 지우면 모두 숨꽃눈 피는 064

도토리의 이별 방식 066

바람의 꼬리를 자르기로 했다 068

발설하는 발 069

장화의 힘 070

우는 새 072

몽돌을 줍다가 073

낚시터 074

4부 빛의 반대편에 있는 어떤 날

제발, 잠깐	079
레몬	080
진주목걸이	081
새 한 마리 날아와	082
겹눈의 방식	084
봄을 찾아서	085
떠도는 잠	086
흑화黑化	087
발톱	088
봄빛 요양원	090
눈 내리는 날 눈나무로 서서	091
해바라기 숨, 멎다	092
마지막 페이지에	093

해설 _ 이성혁(문학평론가)   095
동화의 시학과 공생의 세계

1부

빗방울에 젖은 파란을 향해

곁

너를 겹쳐 쓴 문장에서는 연필 깎는 소리가 났다
뒷문을 열고 나가서는
발목이 다 젖어오도록

나와 저녁 사이에는
곁이 자라는 화분 하나 놓여 있다
그 화분에
봄날의 소란 같은 것은 빼고
따뜻한 날씨만 옮겨 심었다

어느 날인가
천둥과 매미울음 같은 여름이 밀고 들어와
알 수 없는 식물들이 등을 돌리며 서로 자랐다

균열이었다

이제 막 내 방 앞에 서서
긴 고백을 시작하는
너에게 균열은
고립이었다

봄밤

까마귀 부리는 그날 운세였다
환풍기 날개 깊숙이 붉은 패를 밀어 넣고
아랑곳하지 않는 제발과 잠시
불타버렸다

불탄 순간은 홀로 어두워지다 얼룩을 남기며
깊어지는 중이었다
죽은 새를 죽은 패로 자꾸만 잘못 발음했다

비 맞은 날이면 점괘에 젖지 않는 오늘을
두꺼운 전집으로 갖고 싶었다
무너진 바닥을 믿지 않는 편이어서
고요한 모서리들은
손에서 미끄러지다 고딕의 자세를 놓치곤 했다
그을린 멈춘 새를 마지막까지 열지 않았다

퉁퉁 불은 손금을 물고 오는 부리를 오독할 때마다
뒤집어진 밑장 하나 본 것도 같다
검은 싸리나무를 건너오는
내 안에 나를 만날 때마다

검은 재가 자꾸 묻어 있었다

울면 아무래도 나쁜 패를 손에 쥐는 일이어서
조용하게 밥을 지었다
죽은 쥐를 끌고 가는 그림자를 보았다

나를 응시하는 눈,
저 적의 가득한 눈동자를 어디서 보았을까
모른 척하고 싶었지만 모른 척할 수 없는
봄밤이었다

굿모닝 사과

툭,
너라는 지대에 빠진
씨앗의 첫 심장소리다

어떤 색깔로
먼저 인사를 건네야 할까

느닷없이 붉어져
너를 서쪽으로 쏠리게 했던
불온한 저녁에 대해서는 함구하기로 한다

동그랗게 입술을 모으고
안쪽에 집중하는 칼의 태도처럼
햇살 따라 찰랑이는 사과의 높이에
도달하고 싶은 것이다

바람이 자꾸 덜 익은 아침을 뒤집는 것도
너에게
끊임없이 깊어지는 이유다

사월이 지나면

한 대의 버스가 지나가고 구름이
지나가고
사월이 소 떼처럼 지나가고
내가 나를 못 본 채
오래오래 지나갈 때

가방에 넣어두었던 연두의 계절이
귀를 짤랑거리며 떠도는 소식을 전해주었다

뒷걸음에 밟힌 풀잎의 덜컹거림과
빚어놓은 날개가 부서지는 꿈과
너를 넘치는 사월을

문득
길 건너에서 나를 돌아보는

사월을

기다림을 수습하다

죽은 고양이 그림자 바퀴자국에 갇혀 있다
봉분도 추모도 없는 피 묻은 죽음 한 자루
그늘로 쏟아진다

흘림체로 식어가는 46번 도로
세 시로 얼룩진 저 고독한 항거
불행의 행적을 묻고 있다
오늘을 수소문하고 있다

가르랑가르랑
꼬리가 붉어지도록 기다림이 지속되는 동안
어쩌면 저 마지막은
무심 쪽으로만 기우는 세상의 안쪽 같아서
차라리 먼 곳의 풍경이었으면 하는

바람만이 사족처럼 분주한 도로는
밑줄 없이도 오늘은 검거나 혹은,

모래알 방식으로 걸터앉은

해변을 걷다 보면
내 안으로 우르르 모래알이 쏟아져 들어와
온몸이 모래 산이 되는 순간을
감각하게 됩니다

무릎엔 어느새 파도가 가득합니다
이 파도는 어디서부터 시작되었는지

알고 싶지 않습니다

다만
그 용솟음이
해의 모가지를 끌고 올라오다 실족한 순간이
고요라고 해도 괜찮은 찰나가
끊임없이 계속되었으면 하는 것입니다

검은 버찌의 말

한 그루
버찌 나무 아래 서면
나무처럼 문득 번성하는
붉거나 검은
버찌의 말이 들린다

버찌의 말 아래 멈춰 서는 것은
입속의 말에 귀 기울여 보는 일이다

가장 낮은 자세가 되는
오체투지의 삶,
꿇은 무릎이 방향이다

이 모든 길이 궁금해질 때면
벚나무 발밑을 보라
지상에서 뜨거운 열매로 살다 사라지는 일이
얼마나 두려운 일인지 발설하지 않는 검은 입들을
어떤 죽음에도 흔들리지 않는 뿌리의 깊은 의지를

버찌 입속에 들어 있는 랍비의 말

나는 버찌 말속을 걷고 있다
내 안을 걷고 있다

흰 낙타

네팔 고비 사막에 바쳐진 흰 무릎이 있다

사막의 낙타는
겹겹의 모랫바닥을 밀어 올리던 아버지의 자세였다
아버지를 열면
바람이 북적이는 사막의 눈꺼풀 속엔 건기의 계절이 가득하다

아픈 아버지는 낙타처럼 모래의 긴 잠속으로

그늘의 목덜미를 끌고
둥근 달을 이마에 터번으로 두른 채
한참 우는 얼굴로 이별을 서성이며
모래 묻은 발을 닦곤 했다

한 벌의 겨울을 수피로 걸친
유목의 밤을 따라
우기와 건기를 번갈아 입는
무릎이 푹푹 빠지는 파열 속으로 흘러가고 있다

나무의 무릎을 딛고 일어서는

나무로 살 수 있다면
벌목되어도 좋다던 당신은
톱밥 같은 말들을
머뭇거림 없이 쏟아냅니다
때로는 앵무새보다
더 많은 말을 합니다
그 말을 쓸어 담아 다정이라 하고 싶지만
천진한 소란이라고 할 수밖에 없습니다
소음에 시달리는 도시처럼 시끄럽습니다

혀를 가누지 못하는 소문처럼
쉽사리 감정을 내어주는
가벼운 당신의
무릎에 난 흉터가 보이네요
굽혀 본 적 없는 무릎을 딛고
바닥에서 다시 일어서려면
좀 더 단단해져야겠어요

망고에게

짓무른 계절이 박혀 있구나
너의 몸엔

그 초록을
선명한 표식의 숫자로 완성할 때까지
누군가의
혀와 혀 사이를 지나
당도 높은 여름에 닿기까지
공중에 매달려
여문 날을 생각한 적 많았겠구나

아무래도
예견된 것은 말랑한 채 아물 흉터뿐이어서
남쪽 고도를 향해
다만 둥글어졌겠구나
태양의 직립 아래
우두커니
달콤한 마음 하나 길렀겠구나

도너츠를 오브제로 놓고

몰두하는 눈이 있다
접시를 탐색하던 얼굴은 도너츠를 오브제로 놓고
달콤해진다

마스크 속의 침묵을
상상한다
한 입 베어 문 도너츠는 어떻게 변주될까
도너츠의 달달한 주기는 힘이 세서

몇몇의 얼굴에서 보쉬의 낙원을 떠올렸다
감각이란 시를 새롭게 들고나와
구스타프 모로처럼 랭보가
생각 속을 굴러간다
마스크 쓴 얼굴은 도너츠를
증명한다

도너츠를 오브제로 놓고
세상을 앞에 놓고

굴뚝을 날아가 구구구 우는

아픈 내력이 많은 김유정문학촌 굴뚝은
노을만 봐도 목이 메는 것일까

가늠할 수 없는 얼굴 우뚝 세워 놓고
몇 번이나 더디 오는 봄을 되돌아보며
□□□ 울었을까

흐린 날마다
목이 잠긴 채 빈 굴뚝은
네모나게 □□□ 비둘기 소리를 냈다

사랑을 쏘아 올리던 빈 마당이 가득했으므로
유정은 물기 가득한 동백꽃잎을
한 장씩 오래 넘겨보았을 것이다

비 오는 날이면
긴 목을 빼고 창가에 앉은
어느 날의 이별을 기웃거렸을 것이다

우산살이 부러진 관계를 지나

실레마을 무밭을 한참이나 지나

오늘을 밀고 오는
푸르고 흰 손을 들킬 때마다
저녁의 검은 무릎에서 물기를 빼기 시작했다

파란波蘭을 파란波瀾하다

불행은 소나기처럼 왔다
악플처럼 쏟아지는 빗줄기에
시간은 국숫발처럼 자주 불어터졌다

파란에겐 삐딱한 습성이 숨어 있어
파랑의 일탈을 꿈꾸는 파란波瀾은
서로 귀가 맞지 않아서
파란波蘭에 내 손톱은 자주 부러졌다

파랑의 화법은 언제나 위험했다
어둠은 양철북처럼 내 꿈을 두드려댔고
내 꿈엔 지워지지 않는 멍이 생겼다

위험과 모험은 한끗 차이

빗방울에 젖은 파란을 향해
고양이의 습성에 대해 말할 참이다

2부

있는 힘을 다해 풍경이 되어보는 밤

카프리에서 봄을

이제 그만 길을 잃고 싶었다
무엇도 되지 못한 나는
이탈리아 남쪽 바다 카프리섬에서
햇살지대를 기다릴 작정이었다

종일 넘실대는 파랑 앞에 앉아
별을 한 움큼 주머니에 넣었다

얼마나 자주 출렁였을까

봄은 기다리는 것이 아니라 봄으로 살아가는 것
그 파랑의 귀띔을
통째로 내 안에 담기로 했다
파랑의 온도만큼 출렁이다
카프리섬처럼 단단해졌다
카프리섬에서는 별을 엎질러야 봄이 되었다

밤새도록 불타오르는 파랑의 지대를 향해
국경을 넘어 또 하나의 물의 고궁을 향해
이제 봄으로 흘러가 보는 것이다

뻥튀기

터미널 뒷골목엔
무엇이든 튀겨 주는 남자가 살지
그늘 두둑한 곡물 자루 하나라도
세상을 염탐하기 충분하지

어둠을 털어낸 맑은 눈으로
겨울을 건너온 경건한 얼굴로
잘 달구어진 시간을 골목에 풀어두었지

자,
오늘을 튀겨 봐
거짓말을 튀겨 봐
콩알같이 작아진 꿈이 부풀어
지상으로부터 달까지 환하게 튀어 오를 수 있을 거야

절망하기엔 너무 이르잖아
세상과 조금씩 어긋나는 일들은
예보와 맞지 않는 날씨 같은 거야
한통속이지
슬슬

나를 눈부시게 튀겨 볼까

뻥이요!

기대슈퍼

기대하지 않아도 기대되는
기대슈퍼가 망루 아래 다리를 기대고 서 있다

두 발을 잡아끄는 외눈박이의 저 힘은

선반 위의 한 묶음 과자 봉지처럼
상자 속 사과처럼

혀를 끌끌 차는 어둠의 냉소에도
허허로운 일생을 위해
기다림이라는 견고함을
단단히 붙잡고 있다

쉽게 떠나지 못해서
쉬이 돌아올 수 없는 골목을
그리도 오래 서서
풍경이 되어버린 기대슈퍼

그 이름에 기대어
있는 힘을 다해 풍경이 되어보는 밤

다문화 아이들

신발을 잃어버리고도 아이는 침착했다
처음이 아니라는 듯이
어떤 것은 사라지는 것만으로도
기억이 되는 것이므로
치수가 맞지 않는 엄마를 외투로 걸칠 때마다
가족사진 속
유일한 부재를 깨닫고서야
혀끝에 맴돌던

유실된 이름을 다시는 부르지 않기를
채워도 헐거워지는 것을 다시 채우지 않기를
어떤 이별이 불어오는 먼 곳으로부터
흩날리고 흩날리는 눈발을 보았다
다짐의 총질량이 용서란 적설량이 될 때까지
밝은 눈이 내렸다

벽화

약사동 골목에
봄이 피고 있다
누군가 그려 놓은 계절에서
산수유가 자꾸 피었다

가로등이 하나둘 눈을 뜰 때
약사동 골목의 벽에서는
걸음을 옮길 때마다
강물소리가 났다

들여다보지 않아도
세상에서 가장 아름다운 봄이
약사동 골목에서 들끓는 중이었다

국수의 시간이 지나가다

쌀국수를 파는 베트남 식당에 앉아
알전구가 탁자를 말리는 동안
턱을 괴고
저녁이 오는 소리를 듣는다

로댕처럼
푸른 지붕을 상상해본다

끓는 것에 대해 생각한다
매일 국수를 삶는 사람들과
매일 국수를 먹는 사람들을 생각한다
일 초의 순간에 전생을 쓰는 사람들
평생이란 말을 몰두로 쓰는 사람들 앞에서
나도 경건하여 국수처럼 뜨거워지기를
양푼 속 한 덩이 반죽으로 오늘만
울어야겠다

깜빠뉴

순간이 오븐 속에서 뜨거워질 때
깜빠뉴˚ 빵같이 아침이 부풀어 오를 때
이스트에 부풀려진 시간이
우리의 몫이 될 때
어린 조카들의 아침에 침이 고인다

깜빠뉴 속에 코를 박고 있는
어린 철학자들은
빵 대신 잃어버린 것이 무엇인지 알 수 있을까

찰나의 말랑함에 임재해도 좋은
빵의 순간이 놓여 있다

잘못 빚어진 빵을
장발장처럼
깜빠뉴,

한 입 베어 문
이 순간 속으로
세상은 더디 오고 있었다

* 전통적인 프랑스 시골풍의 빵으로 가난한 서민들이 먹었다.

강물 목공소

강물은 안다
흐르는 것들은 자주 흔들린다는 것을

깊은 어둠이 물결치는 강물 앞에서
비울 수 없어 평정도 없던 아침이
오지 않기를 바라며
마음의 집 한 채 허물고 또 짓기를 반복했다
떨어져 나간 물의 지느러미를 배회했다

눈을 뜨지 않은 것으로
슬픔을 묵인했다

물의 손금을 펼치면
그곳에 강물 목공소가 있었다
누군가 버리고 간 불길한 꿈을 가공하는

강물 위로 아무렇게나 반짝이는 햇빛과
아무렇지 않게 부는 바람에
천천히 동화되었다

강물은 내가 처음 배운 위로였다

소문을 파는 카페

사냥감이 필요해
혀는 싱싱한 말을 좋아하지
욕설이라도 좋아
되도록 눈을 마주치지 말자구
불타나게 팔린다는 소문만 골라 담아
생각 같은 것은 생각하지 않은 것으로 충분한 저녁 아닌가
볼모로 잡힌 말은 얼룩이 심해
말의 틈을 새처럼 드나드는 그 입술 말이야
고양이 털같이 부드러운 소문 한 잔 어때
뱅쇼같이 혀를 자극하지
풍선처럼 부풀려도 이곳엔 오해란 없지
이해하지 않아도 혀는
달콤쌉싸름하니까 말이야
그것으로 족해
한 잔 더 주문할 수 있다면

단풍나무의 노동일기

어쩔 수 없어서
제 전부를 붉게 태우고 나서야 잎들은 긴 노동을 끝내기로 한 것이다 나무는 나무대로 잎은 잎대로 허기진 지붕을 사이에 두고 깃발이 깃발로 맞서는 거리에서
동전처럼 굴러가는 잎들의 노동이 진행 중이다

봄이면 수습 딱지를 다닥다닥 이마에 붙이고
노동요의 마지막 구절까지 연둣빛이었던 공중의 시간을

제 발톱에 새긴 서명 같았던 푸르름을

흰 연기를 쏜
붉은 구호가 가을을 통과하고 있다

베개

 양들을 벽장 속에서 불러내야겠어 양 한 마리 양 두 마리…… 머리맡에 칠삭둥이 불안은 누가 풀어놓은 걸까 잠이 어질러진 방 안에 양들은 대체 언제 다 들여놓은 걸까 아, 날 위해 가만가만 양의 등을 쓸어줘야겠어

 숨고 싶은 나는 불면의 어둠을 선호하지만
 무릎이 푹푹 빠지는 저 어둠의 종족은 도대체 꼬리가 잡히지 않아
 생각의 고삐조차 잡히지 않지

 살이 오른 양들이 더 순해질 때까지
 종이 상자의 자세로 있어야 할까

 싸르락싸르락 바람의 귀를 세어보는 거야
 그렇게 툭툭
 새순 부러지는 소리 들어보는 거야

홀로

밤의 식탁에
식은 관계를 다시 차려요

언제쯤 허기짐이 끝날까요

한 벌의 수저를
한 뼘 더 고립의 방향 쪽에 놓아요
서로 짓무르지 않도록

할 수만 있다면
싱싱한 중독을 골라 먹기로 해요
참 낭만적이죠

어금니로 아픈 말이 자라요

누군가 끓여놓은 고요에서
그럴 수밖에 없는 외로움이 태어나요

북향으로 창을 그려 넣고
오늘은 달 없이 밤을 폭식해요
아, 함께 나눠 먹을 메뉴는 아직 정하지 못했어요

불탄 봄

광판리 533번지 양계장 지붕마다
봄 한 채가 하얗게 불타기 시작했다

계사 울타리마다 핀 벚나무는
몇 겹의 햇살을 목에 둘러야
하나의 순간에 몰두할 수 있었다
얼었던 등을 몇 번이나 녹여야
따뜻한 무렵이 되었다

괜찮냐는 말은
피고 지는 것이 끝난 다음 해에야 들을 수 있었다

그해 봄이
헐값으로 초록에게 넘겨지기 시작했다
불타버린 전단지 사이로
조금씩 여름이 볼륨을 높여 갈 때

아껴둔 기다림을
문패처럼 걸어두었다

다시 기억은 봄이 될 수 있을까

3부

밤이 달맞이꽃을 따라 피었다

이팝나무에 달빛이 내리면

이팝나무 한 그루 펼쳐 읽는다

공중에 높이 꽂아 둔 달이 골목을 펼쳐 읽는다
밤이 물결치는 동안
달빛은
꽃잎의 마지막 구절을 읽기 시작한다

누구나 한 번쯤 꽃이었던 적이 있었겠다

여기저기 흩어져 못다 읽은 나를
캄캄한 비탈로 내몬다

빛을 모자 속에 넣었다
이제 달을 훔쳐보던 아이는 없다
별자리를 문질러 아무 데나 찔러 두었던
달빛 아래 숨은 나를 들키게 하는 저 얼굴은 누구일까
누가 이 서고에 나를 꽂아놓은 걸까
꽃들을 읽고 있는 나는 아직 거기 그렇게 남아 있을까

달 속에 나를 담는다
달은 나를 키우는 새장이었다

그늘꽃

그늘을 한 잎씩 손질하다 보면
그늘이 피었다 지기를 반복하는 우기의 계절이 쏟아
졌다

음지와 양지를 번갈아 껴안은
벌레 먹은 아침에도 담쟁이는 벽으로 자랐고
먼 곳을 돌아와 피었어도 나팔꽃은 한창의 나이였다

꽃이 피기까지 녹슨 철문을 바치고 있던 손은
이윽고 그늘이었다

일기예보는 자주 맞지 않았고

어느 주말 오후같이
그늘은 아무렇지 않게
골목마다 피어나고 있었다

더는 하늘을 보지 않아서
그늘은 사라지지 않았다
〈

예감하지 않아도

나는 또 꽃이었다

우산의 내력

여름밤이 쏟아지는 빗길에서
우산을 집어 빗속에 빠트렸다
내리는 비에도 세상은 조용했다
느티나무가 흔들렸고
이미 젖은 것이 또 젖었다
폭우에 갇힐 때마다 몰려든 구름을
우산의 시간으로 각색한다
물방울 같은 말이 범람한다
흠뻑 젖은 목록이 늘어날 때마다
우산을 편다
습한 내력이다

흙밥의 방식

한 그릇 밥이 천둥으로 끓는 동안
밥을 완성하기 위해 하루는 숨이 가쁘다

밀알 하나 머리에 이고 가는 개미도
저문 해를 등에 지고 들판을 걷는 소도
한 그릇 밥을 위해
배꼽에 달의 붉은 표식 하나 새겨 넣고
태초의 뜨거운 밥
공생共生의 길을 걸어간다

그런 밥을 짓고 싶어
평온 앞에서 오래
발을 씻었다

흙의 묘수는 용서하는 데 있다
제 몸에 기생해 사는 입들에 대해
누군가의 목적이 되는 것에 대해
한쪽 눈, 지그시
감아 주는 것이다

단추들

실밥에 목이 조인 채
외투에 가부좌하고 앉아
설핏 솔기 비집고 나온 제 무릎 내려다보며
바지 주머니나 서랍 한쪽 구석이
세상 전부가 되었을 때
제 목숨 붙였다 떼었다 하는
끌끌 혀를 차던
실밥의 냉소를 생각한다

실은 실대로 단추는 단추대로 외투는 외투대로
서로를 애도하는
목덜미를 잡아끄는
저 눈빛
어디서 보았던 것일까

단추 목숨은 실밥에 달려 있다
겨울 외투에 매달려 사는 동안
평생 자신이 섬겨온 것이 외투인지 실밥인지
제 삶 뒤돌아볼 때야
단추는

툭,
소리의 추락을 듣는다

이름 지우면 모두 숨꽃눈 피는

마당 가득 달맞이꽃 한창일 때
낡은 집 한 채를 수리하다 이름 여러 채가 불타버렸다

시시때때로 대문 안과 밖
창 밑의 감각처럼 흘려 쓰던 저녁이면
홀로 책상에 앉아
한쪽 귀를 접어 두었던 백석이거나 김수영을 사색으로 꺼내와
비유와 상징이 녹기를 반복하는 빙하의 문장 앞을 서성였다

나로부터 한 걸음씩 물러나 점점 뾰족한 그리움이 되거나
검은 밤을 건너와 내 심장을 점검했다

집수리가 끝나던 날
거실 바닥에 굴러다니는 것들은 모두 헐렁해진 베개 같았다

책 속의 사체를 향해
〈

네루다는 네루다고, 니체는 니체일 뿐
이름 지우면 모두 숨꽃이 피는 숲이고 바람이라며
뜨거운 여름이 펄떡이고 있다

도토리의 이별방식

숲의 고요가 붉게 타오르는 날
도토리의
툭, 은
너란 지대가 지는 순간이다
한 번쯤 익어갈 타이밍이 더 남아 있는
제발과 다행 사이 어디쯤
너와 나의 온도가 남아 있을까

도토리 한 알
툭,
운석처럼 떨어졌다
너의 울음인 줄 알았다
매번 손을 먼저 놓치는 쪽은 기대에 매달린 나였다
툭,
반성처럼 떨어지고
툭,
눈물보다 넓게 얼룩이 졌다

소 떼처럼 몰려와
나를 습격한 바람의 칼자루를

그 위장을 알았을 때
숲에 주저앉은 도토리를 하나씩 주울 때마다
이미 너는 착란이라는
아픈 별이었다

바람의 꼬리를 자르기로 했다

 강변을 걷다 느티나무 아래에서 슬픔이 옮겨붙은 바람의 꼬리를 자르기로 했다
 바람은 쌓고 허무는 파멸의 입이어서 파라오 신전을 모래에 묻던 거인의 손이어서 어둠의 공중을 오래 떠돌던 처음에게 되돌아가는 피안의 방이었다

 제 등에 박힌 재앙의 칼날 앞에서 쿠푸왕의 오랜 잠을 지키던 스핑크스와 귀 잃고 서서 우는 버드나무는 바람에 사라진 눈을 몇 번이나 뒤돌아보았을까

 어둠의 반경 속에 든 나를 향해 방아쇠를 당기는 불온한 저 손

 생각의 덧문 하나 비스듬히 열어놓은 채 나는 한 번도 울어보지 못한 나무로 서서 별의 몰락을 다시 쌓아 올려 바람의 긴 꼬리를 자르기로 했다

발설하는 발

남자가 가난을 관통하는 일은
매번 별을 헤아려 보는 일이다
후미진 상가 골목 안
달빛 아래 앉아
남자가 흠집 가득한 저녁을 골라내고 있다

사람들은
남자의 꿈이 헐값으로 팔리는 것을 모른 척하고 싶어 했다

서로
가난을 나눠 먹는 일 같아서

지상에 남은 마지막 밤을 발설한 남자의 피로한 발이
달빛이 닿기도 전에
어둠과 함께
힘껏 펄럭였다
그러니까
천천히

장화의 힘

닭집 상가의 압권은 남자의 장화 속에 있다
홍건하게 엎질러진 바닥 위의 피로들

장화의 일은 어디론가 흐르고 있을 하루의 누수를 담는 것

남자는 한 손에 칼을 쥐고 힘을 다해 늦은 밤의 비늘을 내려친다
도마 위로 피땀이 튄다

안간힘으로 쏟아지는 것은
어린 딸의 교복이 되고
계단을 오르는 목표가 된다

칼을 물고 있는 도마처럼
악착같이 밑바닥을 밀어 올리는 발가락들은
장화의 힘이다

진열장엔 싱싱한 찰나가 채워지고
남자의 비닐 앞치마엔 새벽이 말라붙어 있다

〈
콧등 찢어진 장화 속엔
가부좌한 커다란 세상이 들어 있다

우는 새

빗방울은 새로 날아와
흐린 날의
반대쪽을 향해 울었다

빗방울이 우는 법을 익히는 동안
밤이 달맞이꽃을 따라 피었다

빗방울은
유리창에 이마를 찧고 한참을 울고 나서야
슬픔은 주머니 속에 찔러 넣었던 무지개였다는 것을
부서지고 나서야
빗방울이 새처럼 내게로 날아와 우는 이유를 알게 되었다

내 등을
절반의 하늘이 가로지르고 있었으므로

몽돌을 줍다가

단호하게 내 웃음을 가둔 강가에서
저 강물의 입
한쪽 발이 빠진 채
슬픔을 건너가는 일쯤은
당연히 괜찮다는 위로를 건네준
돌들의 울음을 회수한다

낚시터

출렁이는 먹이보다 먼저 떨리는 찌는
낚싯줄을 질러간 시간을 예감한다

망상이었을까
물안개와 물오리 사이를 밤새 숨바꼭질하던 기대

또 한 번 불타오를 순간을 낚는 사람들이
목마름을 참는다
실패를 참는다
놓쳐버린 때를 낚시터에 매어놓은 사람은
누군가의 아침을 기다리지 않는다
그들의 눈빛은 유추하지 않아도 서늘하다

금지된 것이 아니라면
그들처럼 결정적이어야 한다

찌를 들어 올릴 때마다
지독한 밤이 딸려 나왔다

4부

빛의 반대편에 있는 어떤 날

제발, 잠깐

불타버린 봄은 다시 기억하지 않기로 했다

불기둥이 나를 독차지했던 순간은
벚나무 아래서
잠깐 눈을 감았던 사이

쏙으로 돌아가는 순간의 틈이었다

레몬

계절 어디쯤이
레몬의 세계였을까

이마를 찡그리며 물었던 너의 질문을
소파 위에 떨어진 여름의 잔해들을 치우다가
필사적인 맛이 절정이 될 거라는 답을
아직 네게 보내지 못했어

해답 같은 건 부치지 못했지만
여전히 따뜻한 레몬의 세계만 익어가고 있어
애써 수확하지 않아도
증폭하는 노란 타이밍

군데군데 노란 안쪽까지 옮겨붙은
시큼한 기억들을 나누어 가질까

참 이상해
넘어져도 자꾸 일어나고 싶어지는
노랑의 세계란

진주목걸이

눈물은 조개를 만나야 진주가 된다지
몇 개의 아름다움을 위해
그 찬란한 죽음의 채굴을 못 본 체할 참이야

혼잣말이 넘실대는 파도의 결은
결국, 내가 흘러갈 곳이므로

슬픔이나 눈물은 침묵이어서
맑은 것들은 자주 얼룩이 지곤 해서
흐린 날에도
목에 걸 예쁜 목걸이가 필요하지

바다가 울어야
조개도 여분의 상처를 갖게 된다지
그 침묵에 갇힌 흉터를
누군가는 슬픔의 내공이라 했지

쉿,
계속 발굴되는 그 슬픔을 어떻게 모른 체해

새 한 마리 날아와

지독하게 먼 허공과 콘크리트 바닥을 오르내리는
새를 본다
단 하나의 표정으로 그들만의 세상을 사는 새들은
자신의 발자국을 따라 걸어도
추락을 상상하지 않는다

나도 어쩌면 무심히 창밖에 있을 것이다
가능한 한 어떤 시절을 떠올리려는 것인지도 모른다

어제는 친구가 오래된 의자를 잃었다
상실이 익숙해지는 동안
추락은 계속될 것이다

버스정류장에 앉아 텅 빈 버스를 그냥 보내는 일이
자연스러워질 때쯤
친구는 새 의자를 다시 구할 수 있을까

새들의 발자국을 발견할 때마다
추락과 비상을 떠올렸다
〈

죽는 것도 결국 사는 일이라는
새들의 말을 한 줌씩 모으는 늦은 저녁이
젖는다

겹눈의 방식

우리는
늦여름을 수평으로 접으며
위험한 것들을 향해 날아오르고 있었다

가엾게도 우리는 서로에게
가기 위해
습하고 어두운 곳을 지나야 했다
가을로 접어들수록
빨라지는 바람을 통과하기 위해
조금씩 날개를 기울여야 했다
무방비로 옮겨온 겹눈은
대체로 빨간 감정이어서
어떤 어둠이라도
함께 비행해야 했다

비행을 멈춘 날은
위태로운 방향을 비껴가는 자세를 익히느라
빛의 반대편에 있는 어떤 날을 떠돌기도 했다

봄을 찾아서

김유정 문학촌 마당 가득 투신하는 봄
유정을 따라 핀 꽃들이 오늘을 점친다

생각나무가 울창해질수록
북쪽 창에 걸리는 소원이 무성해졌다
못다 한 유정의 사랑인가
부화하는 착란인가

그림자로 남겨진 말에는 친절함이 없다

유정은
지나가는 구름으로부터
어떻게 사랑을 이해했을까

떠도는 잠

용산역 지하도 맨바닥
겨울이면 이불 한 채씩 온몸에 둘둘 말아
고치 속 애벌레처럼
추운 잠을 끌어안은 사람들이 있다

혹한의 안쪽은 잠의 천국일까 지옥일까

쪽잠마저 흔들어 깨우는 바람이 불어올 때마다
비난이 한 발자국 먼저 와 누웠다
추위의 근원은 절망을 욱여넣은 출구 없는 집

떼를 지어 날아다니는 나방이 무서워
종일 퉁퉁 부은 하루는 밤보다 더 어두웠다
명단에 없는 맨발을 세상에 드러낸 채
잠을 뒤척이던 그해 겨울엔
노숙을 위해 더 많은 신문지가 필요했다

운수 좋은 날을 비껴간
검은 비닐봉지 안의 저 맨발은
누구의 잠일까

흑화 黑化

너는 어디에서부터 자주 출몰했던 걸까

고치에 너를 가두지 못하면
징그러운 검정으로 태어나는 거야

몇 시간씩 벌레처럼 위장하고
더듬이를 다정하게 내미는 건
가식적이야
너의 입장이 될 수는 없어
네 그 흑화의 끝을 솔직히 모르겠어

자꾸 네가 검어지니까 무서우니까
오늘은 제발 그 날갯짓을 멈춰줘

너는 어쩌다 사나운 감정을 익힌 걸까

 순식간에 생긴 검은 반점을, 어둠으로 날아드는 너의 자세를, 나도 모르는 그 의심의 표정을
 어떻게 해석해야 할까

발톱

구두 속엔 발톱 세운 말이 들어 있다

말의 천적은 발톱이어서
곳곳에 숨어 있다 수시로 고개를 들었다

갓 태어난 뜬소문이
변명할수록 고양이 털 속에 감춘 꼬리 긴 빨간 속내 같다면
방을 옮겨 살아남는
혀의 힘은
내성이 생기는 일이라고

밤새
불면의 벽을 아프게 긁어대거나
풍문의 난간을 붙잡고 서성였다

속을 알 수 없는 말이 어디서 딸려 온 것인지
발 속에 반성을 넣어보거나 먼지 묻은 하루를 툭툭 털어보기도 하는
발톱의 막다른 곳

바닥으로부터 꺾인 무릎을 다시 일으켜 세운다면
양팔저울의 무게는 진심 쪽으로 기우는 일

하루를 떠돌고 있을 별 같은 말을 찾아
달콤해지는 타이밍이 한 번쯤 더 남아 있을

깃털 같은 말
말이 오늘 밤 익사체로 떠오르고 있다

봄빛 요양원

요양원 창가에
당신을 옮겨 심는 사이
봄이 오고 있었다

겨우 내내
당신 없는 빈방에
아무것도 하지 않는 안간힘이
가득했다

빈방의 기억에
색을 입히고
당신의 처음을 뚫고 나온 나는
당신이 지상에 피운 마지막 봄

창가에 시든 제라늄을
가만히 내려놓는 봄의 얼굴을 보았다

꾹꾹 눌러 담은 말 한 마디

사.랑.해

눈 내리는 날 눈나무로 서서

눈송이의 조용한 낙하에 주목합니다

눈에 젖지 않는 얼굴을
외투 주머니에 넣습니다

전봇대에 걸려 펄럭이는 안부와
구부정한 나뭇가지에서 녹지 않는 겨울을
창가에 놓아두어도 좋을 흔들의자를
12월에게로

늦잠에서 깬 아이와 노인은
울타리를 넘어 온 해의 직선을
힘을 다해 구부립니다
지난 계절이 쉬이 녹지 않기 때문입니다

오늘은 지평선을 하염없는 하루라고 해야겠습니다
길의 끝까지 들리도록
좀 더 깊게 흐느낄 예정입니다

해바라기, 숨 멎다

침묵이 웅크리고 있는 분단의 땅, DMZ

새들도 저녁을 거두어가는 시간

검은 수의 걸친 해바라기만
입관을 기다리는 중

망자의 행렬 같은
검은 발을 곧게 세워
가느다란 이생을 고집하는
까마귀 떼
분단의 땅을 날아올라
해바라기 마지막 숨을 물고
끝내
두 개의 회귀선을 넘는다

마지막 페이지에

나는 엎질러졌다
겨울이 자작나무를 끌어안고 울기 시작했다

겨울이 가고 나서야
나무가 대신 오래 울어주었다는 것을
숲이 사라지고 나서야
빗방울이 새처럼 내게 온 이유를 알게 되었다

한쪽 어깨를 내어주고도
흔들리지 않는 너는
어떤 바람에도 끄덕하지 않는
슬픔이었다

별이 뜨지 않는
마지막 페이지에
누군가 서 있을 것 같아서

나는

■ 해 설

동화의 시학과 공생의 세계

이성혁(문학평론가)

1

어떤 시집을 대할 때 우선 시집 첫머리에 실린 시에 주목하게 된다. 대부분의 경우 시집 제일 앞에 실린 시는 그 시집 세계로 들어가는 문의 역할을 하기 때문이다. 김정미 시인도 이를 의식하고 있는 듯하다. 이 시집『그 슬픔을 어떻게 모른 체해』의 첫머리 시인「곁」은 시집을 시작하면서 이 시집이 어떤 말을 할 것인지 미리 고지해주고 있는 것처럼 보이니 말이다. "긴 고백을 시작하는/ 너"는 '나'의 또 다른 '나', 시인으로서의 '나'—시인의 시심詩心—로 읽힌다. 그렇다면 시집은 '긴 고백'이라고 할 수 있겠으며,「곁」은 이제 그 고백을 시작하겠다는 고지겠다("너를 겹쳐 쓴 문장"은 시의 문장이 될 것이다). '너'는 표면적인 의미로는 화분을 지칭하는 듯하다. "나와 저녁 사이에" 놓여 있는 "곁이 자라는 화분 하나" 말이다. "그 화분에/ 봄날의 소란 같은 것은 빼고/ 따뜻한 날씨만 옮겨 심었다"는 진술은 시인의 어떤 희망을 표명한다. 봄날의 따뜻함이 곁에서 자라나기를 바라는 희망. '너'를 시심이라고 읽을 때, 그것은 '나'의 곁에 있는 시심이 따뜻함으로 평온해지기를 바라는 희망이라고 하겠다. 하지만 여름의 소란이 밀려왔고 '나'와 '너' 사이인 '곁'에 '균열'이 일어났으며, 시심은 고립되었다고 시인은 말한다. 그리고 고립된 시심이 고백의 시를 낳을 것이다.

그렇다면 김정미 시인의 시는 곁의 균열로부터, 그리고 시심의 고립으로부터 회복하는 과정으로부터 발설되는 것 아닐까. 「곁」바로 다음에 실린 「굿모닝 사과」는, 그렇게 발설되는 시에 대한 시인의 기대가 표명되어 있는 것으로 보인다. 이 시에 따르면, 시인이 "도달하고 싶은 것"은 "햇살 따라 찰랑이는 사과의 높이"다. 이를 위해서는 시인으로서의 자세 또는 시학이 필요하다. "동그랗게 입술을 모으고/ 안쪽에 집중하는 칼의 태도"가 김정미 시인이 갖추고자 하는 시인으로서의 자세다. 칼처럼 대상의 속까지 파고들어 갈 수 있도록 입술을 모으고 '안쪽에 집중'하고자 하는 자세. 그런데 그것은 시적 대상을 파괴하고자 하는 태도가 아니다. 시적 대상에 몰입하고, 그럼으로써 대상의 속말을 들을 수 있는 데까지 나아가려고 하는 태도다. 시인은 그 대상의 속말을 시의 말로 변화시키고자 하는 사람이다. 아래 시를 읽어보자.

>한 그루
>벚 나무 아래 서면
>나무처럼 문득 번성하는
>붉거나 검은
>벚찌의 말이 들린다
>
>벚찌의 말 아래 멈춰 서는 것은
>입속의 말에 귀 기울여 보는 일이다
>
>가장 낮은 자세가 되는
>오체투지의 삶,
>꿇은 무릎이 방향이다
>
>이 모든 길이 궁금해질 때면
>벚나무 발밑을 보라
>지상에서 뜨거운 열매로 살다 사라지는 일이
>얼마나 두려운 일인지 발설하지 않는 검은 입들을
>어떤 죽음에도 흔들리지 않는 뿌리의 깊은 의지를
>〈

버찌 입속에 들어 있는 랍비의 말

나는 버찌 말속을 걷고 있다

내 안을 걷고 있다

－「검은 버찌의 말」 전문

시인은 "버찌 나무 아래"에서 "붉거나 검은／ 버찌의 말"을 듣는다. 그 말은 "가장 낮은 자세가 되는／ 오체투지의 삶"을 살아가려고 할 때 들린다. 한편으로 이 구절은 버찌가 자신의 오체투지의 삶을 말해주고 있는 것이라 해석할 수도 있다(두 의미가 겹쳐져 있다고 하겠다). 바로 벗나무 발밑이 그러한 삶의 길을 보여주고 있는 것이다. 그 발밑에는 떨어진 버찌 열매들의 '검은 입들'이 널려 있을 것이다. 그 입들은 "지상에서 뜨거운 열매로 살다가 사라지는 일이／ 얼마나 두려운 일인지 발설하지 않는"다. 그것들은 묵묵히 죽음을 받아들이는 듯이 보이는 동시에 "어떤 죽음에도 흔들리지 않는 뿌리의 깊은 의지를" 역설적으로 말해준다. 그리고 시인은 그 버찌가 전달하는 말 없는 '말속'-'버찌 말속'-을 걸으면서 버찌에 동화되고자 한다. "버찌 말속을 걷고 있"는 행위가 "내 안을 걷고 있"는 행위와 등치 되고 있는 것을 보면 말이다. 그것은 저 떨어진 버찌들이 전달하고 있는 말 없는 말－죽음에 흔들리지 않는 뿌리의 의지－이 시인의 시심으로 전화되었음을, 그리하여 시의 말로 표현되려고 하고 있음을 말해준다.

2

이렇듯 시적 대상을 깊이 읽어내고 이로부터 동화되어 시심—'내 안'의 길—을 형성하는 것, 이것이 김정미 시인의 시학이라고 말할 수 있지 않을까 한다. 아래의 시도 그러한 시학을 보여준다고 생각되는데, 한층 더 복잡한 양상으로 전개된다.

이팝나무 한 그루 펼쳐 읽는다

공중에 높이 꽂아 둔 달이 골목을 펼쳐 읽는다
밤이 물결치는 동안
달빛은
꽃잎의 마지막 구절을 읽기 시작한다

누구나 한 번쯤 꽃이었던 적이 있었겠다

여기저기 흩어져 못다 읽은 나를
캄캄한 비탈로 내몬다

빛을 모자 속에 넣었다

이제 달을 훔쳐보던 아이는 없다

별자리를 문질러 아무 데나 찔러 두었던

달빛 아래 숨은 나를 들키게 하는 저 얼굴은 누구일까

누가 이 서고에 나를 꽂아놓은 걸까

꽃들을 읽고 있는 나는 아직 거기 그렇게 남아 있을까

달 속에 나를 담는다

달은 나를 키우는 새장이었다

- 「이팝나무에 달빛이 내리면」 전문

"이팝나무 한 그루 펼쳐 읽는" 자는 누구인가? 시인인가? 달인가? 김정미 시인 특유의 겹쳐 쓰기 작법에 따르면 둘 다라고 하겠다. 시의 전개상 읽기의 주체는 달로 나타난다. 하지만 시인이 이팝나무를 책처럼 읽어내다가 "골목을 펼쳐 읽는" 달을 떠올리게 되었다고도 할 수 있다. 여하튼 밤의 골목을 읽는 달처럼 시인 역시 "꽃들을 읽"으려고 하는데, 흥미로운 점은 시인 자신-'나'-도 달에게는 읽기의 대상이라는 것이다. 이에 "여기저기 흩어져 못다 읽은 나"도 중의적인 의미를 갖는다고 하겠다. 달이 나를 못다 읽었다는 의미이면서도 내가 세상의 흩어진 존재자들을 다 못 읽었다고 해석될 수도 있다. '나'는 읽기의 주체-"꽃들을 읽고 있는 나"-이자 대상-서고에 꽂혀 있는 나-이다.

그것은 '내'가 달과 동일화한 주체이면서도 달빛을 받는 대상이라는 것을 의미한다.

그렇다면 달빛이 읽기 시작한 "꽃잎의 마지막 구절"이란 바로 시인 자신일지 모른다. 그것은 "꽃이었던 적이 있었"던, "달을 훔쳐보던 아이" 시절의 시인을 가리키는 것 아닐까. 하여 시인이 꽃이었던 시절의 마지막을 달빛은 읽고 있는 것 아닐까. 바로 시인 마음속에 있는, 이팝나무 꽃과 같았던 시절의 시인. 시인 마음속에 있는 꽃이었던 시절의 시인 자신. 그를 달빛이 읽어내면서 어떤 얼굴이 가시화된다. 그 얼굴은 바로 그 "별자리를 문질러 아무 데나 찔러두었던" 시절, 꽃이었던 시절의 시인 자신의 얼굴이다. "달빛 아래 숨은 나를 들키게 하는" 얼굴. 그 얼굴을 떠오르게 하는 "달 속에 나를 담"으면서, "달은 나를 키우는 내 안의 새장이었"음을 시인은 깨닫는다. 달과 동화되어 시인도 밤의 세계를 읽어내고자 했으며, 그럼으로써 시인으로 클 수 있었다는 깨달음. 그 깨달음은 시인이 지금 달이 "밤이 물결치는 동안"의 골목을 읽어내듯이 "캄캄한 비탈로 내"몰린 자기 자신을 읽어내고 있음을, 이팝나무 한 그루에 피어난 꽃들을 읽어내고 있음을 말해준다.

그런데 그 꽃들은 어떻게 현상하고 있는가. 마음속 밤의 골목에서 피어나는 그늘로 현상한다. 「그늘꽃」의 "그늘은 아무렇지 않게/ 골목마다 피어나고 있었다"는 구절과

"나는 또 꽃이었다"는 구절에 따르면, 시인 자신이 되어버린 그 꽃들은 '그늘'인 것이다. 그늘은 "더는 하늘을 보지 않아서" "사라지지 않았다"고 한다. 그것은 시인이 하늘을 보지 않은 채 살아오면서 어느새 그의 마음속을 장악한 어두운 그림자와 같은 것이라고 하겠다. 하지만 그것은 또한 꽃이기도 하다. 그늘의 삶이 피워낸 '그늘꽃'. 자신 속에 내재화된 어둠을 인지하면서도, 마냥 비관에 빠지지 않고 그 어둠을 인정하는 이러한 자기 인식은 시인이 다음과 같은 다짐으로 나아갈 수 있도록 미래의 문을 연다.

어둠의 반경 속에 든 나를 향해 방아쇠를 당기는 불온한 저 손

생각의 덧문 하나 비스듬히 열어놓은 채 나는 한 번도 울어보지 못한 나무로 서서 별의 몰락을 다시 쌓아 올려 바람의 긴 꼬리를 자르기로 했다
- 「바람의 꼬리를 자르기로 했다」 후반부

그늘로 화한 시인은 "어둠의 반경 속에" 존재한다. 그런데 그러한 "나를 향해 방아쇠를 당기는 불온한" 손이 있다. "바람의 꼬리"가 그것이다. "슬픔이 옮겨붙"어 있는 그 바람은 나를 관통시키는 총알만큼 강력하다. 위의 시의 인

용되지 않은 전반부에서 시인이 말한 바에 따르면, "바람은 쌓고 허무는 파멸의 입"인 것이다. 그렇기에 바람은 슬픔을 동반하며, 그 슬픔은 '나'를 쓰러뜨릴 수 있다. 이에 시인은 "바람의 긴 꼬리를 자르"려고 한다. 그것은 "한 번도 울어보지 못한 나무로 서서" 몰락한 별들을 "다시 쌓아 올림"으로써 가능하다. 이는 삶에 불어 닥친 바람-슬픔-에 휘둘리지 않고 무너져 내린 별빛들을 회복하는 일이라고 할 수 있겠다. 바람의 꼬리를 자른다는 것, 그것은 "불타버린 봄은 다시 기억하지 않"(「제발, 잠깐」)는 일이기도 하겠다. 그런데 그 어둠으로 빠지기 직전, 그늘꽃이 되기 직전에 솟아올랐던 봄의 '불기둥'-벚꽃처럼 화려한-은 "꽃으로 돌아가는 순간의 틈이었다"(같은 시)고 한다. 그 공은 불교에서 말하는 철학적인 의미의 공이기도 하겠지만 말 그대로 하늘의 의미도 있다. 하늘로 돌아간다는 것은 별들을 다시 쌓아 올린다는 행위와 상통한다. 또한 그 하늘로의 회귀는 하늘을 거처로 삼는 새처럼 산다는 것을 의미하기도 하겠다.

> 지독하게 먼 허공과 콘크리트 바닥을 오르내리는
> 새를 본다
> 단 하나의 표정으로 그들만의 세상을 사는 새들은
> 자신의 발자국을 따라 걸어도

추락을 상상하지 않는다

나도 어쩌면 무심히 창밖에 있을 것이다
가능한 한 어떤 시절을 떠올리려는 것인지도 모른다

어제는 친구가 오래된 의자를 잃었다
상실이 익숙해지는 동안
추락은 계속될 것이다

버스정류장에 앉아 텅 빈 버스를 그냥 보내는 일이
자연스러워질 때쯤
친구는 새 의자를 다시 구할 수 있을까

새들의 발자국을 발견할 때마다
추락과 비상을 떠올렸다

죽는 것도 결국 사는 일이라는
새들의 말을 한 줌씩 모으는 늦은 저녁이
젖는다

                                     －「새 한 마리 날아와」 전문

"허공과 콘크리트 바닥을 오르내리는" 새들은 "추락을

상상하지 않는다." 추락을 모르니 새들은 "단 하나의 표정으로 그들만의 세상을" 산다고 할 수 있으리라. 새와는 달리, 오래된 의자를 잃은 친구가 보여주듯이, 인간은 상실을 겪는다. 그리고 "텅 빈 버스를 그냥 보내"며 그 상실에 익숙해진다. 그것은 계속되는 추락을 사는 것이다. 그런데 새들을 보면서 시인은 "어떤 시절을 떠올리려"고 한다. 그 시절은 하늘을 올려다보며 달을 훔쳐보던 시절, 별빛을 가졌던 시절일 것이다. 그것은 새처럼 비상할 수 있었던 시절이리라. 하지만 지금 시인은 그 시절을 상실하고 추락해 있는 것인데, "자신의 발자국을 따라" 걷고 있는 새들이 찍어놓은 발자국은 추락한 자신의 현재와 비상이 가능했던 과거를 겹쳐 생각할 수 있게 시인을 이끈다. 나아가 새처럼 추락을 상상하지 않는 삶의 가능성을 생각할 수 있게도 해준다. 그 삶은 새들이 말해주는바, "죽는 것도 결국 사는 일이라"고 여길 수 있는 삶이다. 추락도 비상이 될 수 있는 삶. 시인은 그 "새들의 말을 한 줌씩 모으"면서 추락을 모르는 새들처럼 살고자 하는 희망을 갖는다. 시인의 시적 대상이 된 저 새들은, 시인에게 상실을 겪고 추락한 삶의 슬픔을 이겨나갈 수 있도록 어떤 희망을 불어넣어 주고 있는 것이다.

3

 자신의 삶에 희망을 불어넣는 시적 대상의 존재성 발견은 세계와 시인 사이의 균열이 치유되는 가능성을 열어준다. 그 발견은 세계와 시인이 공생共生하고 있다는, 나아가 세계 자체가 공생의 방식으로 존재한다는 발견이기도 하다. 다음과 같이 말이다.

> 한 그릇 밥이 천둥으로 끓는 동안
> 밥을 완성하기 위해 하루는 숨이 가쁘다
>
> 밀알 하나 머리에 이고 가는 개미도
> 저문 해를 등에 지고 들판을 걷는 소도
> 한 그릇 밥을 위해
> 배꼽에 달의 붉은 표식 하나 새겨 넣고
> 태초의 뜨거운 밥
> 공생共生의 길을 걸어간다
>
> 그런 밥을 짓고 싶어
> 펌온 앞에서 오래
> 발을 씻었다
>
> 흙의 묘수는 용서하는 데 있다

제 몸에 기생해 사는 입들에 대해

누군가의 목적이 되는 것에 대해

한쪽 눈, 지그시

감아 주는 것이다

- 「흙밥의 방식」 전문

   세계를 지탱하는 대지는 "제 몸에 기생해 사는 입들에 대해" "한쪽 눈, 지그시/ 감아 주"며 용서한다. 그 대지에서 개미나 소를 포함한 모든 생명체는 "공생의 길을 걸어"가며 삶을 살아간다. 여기서 시인은 밥의 세계, 생을 유지하기 위한 생활 세계의 시적인 숭고성을 발견한다. 공생을 위한 한 그릇 밥을 완성하기 위해 세계는 숨 가쁘다. 이러한 세계의 숭고 앞에서 시인 역시 그러한 밥, 공생의 밥을 지어야 한다고 생각한다. 밥 짓는 행위는 매일 밥을 짓는 대지의 세계와 함께 하는, 세상에서 가장 경건한 행위라고도 할 수 있는 것이다. 그렇기에 시인은 "오래/ 발을 씻었"던 것인데, 밥을 짓는다는 일은 소나 개미처럼 대지 위를 걸어 다니며 행해야 하는 노동을 의미하기 때문이리라. 공생의 밥을 마련하는 대지의 세계가 시적이라고 한다면 발도 시적이다. 그래서 그 발은 깃발처럼 펄럭이는 말을 발설한다. "달빛 아래 앉아" "흠집 가득한 저녁을 골라내고 있"는 "남자의 피로한 발이" "지상에 남은 마지막 밤을 발설"하면서 "달빛이 닿기도 전에/ 어둠과 함께/ 힘껏 펄럭"(「발설하는 발」)이는 모습에서 볼 수 있듯이 말이다.

그래서 일하는 사람들이 신고 있는 신발, 가령 "어린 딸의 교복"을 생각하며 "한 손에 칼을 쥐고 힘을 다해 늦은 밤의 비늘을 내려"(「장화의 힘」)치는 남자가 신고 있는 장화는, 가족의 공생을 이끌어내는 노동의 숭고한 힘을 상징적으로 보여준다. 하여 "칼을 물고 있는 도마처럼/ 악착같이 밑바닥을 밀어 올리는 발가락들"이 들어 있는 장화 속에는 "가부좌한 커다란 세상이 들어 있"(같은 시)는 것과 같다. 세계의 밑바닥으로부터 서 있게 만드는 발의 힘, 그 힘이 발휘되고 있는 장화 안은 공생으로 유지되는 세상의 기반이 들어 있다고 할 수 있기 때문이다. 이 세상에 존재하는 모든 생명체들은, 저 힘을 다해 비늘을 내려치는 남자처럼 '악착같이' 행하는 어떤 노동을 통해 생명을 유지할 양식을 마련한다. 우리는 그 공생의 노동 덕분으로 삶을 살아갈 수 있다. 그렇기에 공생의 밥을 짓고 함께 먹는다는 일처럼 경건한 일은 없다.

> 쌀국수를 파는 베트남 식당에 앉아
> 알전구가 탁자를 말리는 동안
> 턱을 괴고
> 저녁이 오는 소리를 듣는다

〈

로댕처럼

푸른 지붕을 상상해본다

끓는 것에 대해 생각한다

매일 국수를 삶는 사람들과

매일 국수를 먹는 사람들을 생각한다

일 초의 순간에 전생을 쓰는 사람들

평생이란 말을 몰두로 쓰는 사람들 앞에서

나도 경건하여 국수처럼 뜨거워지기를

양푼 속 한 덩이 반죽으로 오늘만

울어야겠다

─「국수의 시간이 지나가다」 전문

  국수를 삶고 그 국수를 먹는 사람들. 그렇게 공생하는 사람들을 생각하면서 시인은 경건해진다. 이렇게 먹을 것을 만들고 또 그것을 먹으면서 이 세상에서의 삶은 존재할 수 있기 때문이다. 그렇기에 매일 이루어지는 이 '국수의 시간'은 국수가 끓듯 뜨거운 시간이다. 시인은 국수를 먹으면서 자신도 그 뜨거운 시간을 살고 있는지 성찰한다. 그리고 그 시간을 살 것을 희망한다. 시인이 울컥하는 것은 세상의 많은 이들의 노동으로 자신도 공생할 수 있다는 데에 대한 경건한 감사와 감동, 또는 부끄러움 때문이 겠다(하지만 이는 슬픈 마음이 일어났기 때문이기도 할 터이다. 많은 이들이 공생할 수 있는 노동을 해주고 있음에도 불구하고 가난하게 살아가고 있기에). 대지뿐만 아니라 인간 세계의 존재자들 역시 사람들이 기댈 수 있도록, 그리하여 공생할 수 있도록 존재한다. "망루 아래 다리를 기대고 서 있"는 '기대슈퍼' 역시 "기다림이라는 견고함을 단단히 붙잡고" "그리도 오래 서서" 우리가 기댈 "풍경이 되어"(「기대슈퍼」) 주고 있지 않는가.

김정미 시인에게는 이렇게 기댈 수 있는 세계의 존재자들이 바로 그가 동일화할 시적 대상이 되며, 그 대상은 그 자체가 시를 생산하는 원천으로서 존재한다. 가령 「강물 목공소」에 따르면, "누군가 버리고 간 불길한 꿈"이 녹아 있는 '강물'이라는 시적 대상에는 그 꿈을 가공할 수 있는 '강물 목공소'가 존재한다. "물의 손금을 펼치면" 나타나는 그 목공소에서는 "강물 위로 반짝이는 햇빛과/ 아무렇지 않게 부는 바람"이 그 꿈을 가공하는 동력이 되어준다. 물론 그 목공소는 시인의 마음속에 존재하는 것일 터, 시인은 그 햇빛과 바람에 "천천히 동화되"면서 강물에 녹아 있는 불길한 꿈을 시로 가공하는 것이다. 그렇게 시를 쓰면서 시인에게 강물이라는 시적 대상은 "내가 처음 배운 위로"가 되어줄 수 있었다. 하여, 시인은 자신에게 시적 대상은 그가 현실을 견딜 수 있게 해주는 것이었음을 다음과 같이 깨닫게 되는 것이다.

    나는 엎질러졌다
    겨울이 자작나무를 끌어안고 울기 시작했다

    겨울이 가고 나서야
    나무가 대신 오래 울어주었다는 것을
    숲이 사라지고 나서야
    빗방울이 새처럼 내게 온 이유를 알게 되었다

    한쪽 어깨를 내어주고도
    흔들리지 않는 너는
    어떤 바람에도 끄덕하지 않는
    슬픔이었다

    별이 뜨지 않는
    마지막 페이지에
    누군가 서 있을 것 같아서

    나는

                               - 「마지막 페이지에」 전문

'엎질러'진 시인을 대신해 "겨울이 자작나무를 끌어안고 울"었다. 그 겨울은 시인의 추운 마음을 상징하리라. 마음의 겨울은 시 쓰기를 통해 시적 대상에 의탁하여 울음을 터뜨렸던 것이다. 하지만 마음의 겨울이 지나간 이후에 시인은 "나무가 대신 오래 울어주었다는 것을" 알게 된다. "어떤 죽음에도 흔들리지 않는" 벚나무 뿌리처럼 "어떤 바람에도 끄덕하지 않"으면서 "한쪽 어깨를 내어주"었던 나무는 '슬픔' 자체가 되어 시인 대신에 눈물을 흘려주었다는 것을 말이다. 그 나무의 눈물은 "새처럼 내게 온" 빗방울로 현상했던 것. 울기 위해 선택했던 시적 대상은 슬픔 자체가 되어 흔들리지 않고 시인 대신 울어줌으로써 시인이 삶을 지탱할 수 있도록 해주었다. 그것을 시인은 "숲이 사라지고" "별이 뜨지 않는" 이 '마지막 페이지'의 시간에 깨닫게 된 것이다. 하지만 이 마지막 페이지에 이르러서도 시인은 "누군가 서 있을 것 같"다는 것을, 즉 그가 의지할 시적 대상이 존재할 것임을 예감한다. 그래서 시인은 비록 미처 다 말을 못 하고 있지만, 그 대상을 발견하고 동화되고자 하는 시를 계속 써나갈 것임을 암시하면서 마지막 페이지를 닫고 있다.

4

김정미 시인의 미래의 시는 어떠한 모습으로 나타나게 될까. 김정미 시인은 아래의 시는 미래에 써질 시를 언뜻 보여준다고 생각된다.

이제 그만 길을 잃고 싶었다
무엇도 되지 못한 나는
이탈리아 남쪽 바다 카프리섬에서
햇살지대를 기다릴 작정이었다

종일 넘실대는 파랑 앞에 앉아
별을 한 움큼 주머니에 넣었다

얼마나 자주 출렁였을까

봄은 기다리는 것이 아니라 봄으로 살아가는 것
그 파랑의 귀띔을
통째로 내 안에 담기로 했다
파랑의 온도만큼 출렁이다
카프리섬처럼 단단해졌다
카프리섬에서는 별을 엎질러야 봄이 되었다
〈

밤새도록 불타오르는 파랑의 지대를 향해

국경을 넘어 또 하나의 물의 고궁을 향해

이제 봄으로 흘러가 보는 것이다

　　　　　　　　－「카프리에서 봄을」 전문

저 카프리섬과 그 앞바다가 펼친 '파랑'의 풍경에 동화되면서, 김정미 시인은 그가 쓸 미래의 시가 나아갈 방향을 찾아낸다. "봄은 기다리는 것이 아니라 봄으로 살아가는 것", 시인 자신이 봄 자체가 될 때 그에게 봄은 존재한다는 것을 저 파란 파랑을 일으키고 있는 카프리섬 앞바다는 '귀띔' 해준다. 봄이 되는 삶, 그것은 별을 주머니에 넣어두는 것이 아니라 별을 엎지르면서 밤새도록 불타오르는 지대로 흘러가는 삶이다. "파랑의 온도만큼 출렁이"면서 살아가는 그 삶은 역설적으로 "카프리섬처럼 단단해"질 수 있다. 이러한 타오르는 불과 흐르는 물이 뒤섞인 삶, 단단한 섬과 출렁이는 바다가 공존하는 삶이 봄으로 살아가는 삶이며, 김정미 시인의 미래의 시는 그 '봄-삶'을 통해 생성될 것이다.